Elimina la Carga de la Negatividad:

Reflexiones Transformadoras Para Cultivar la Luz Interior.

por:

Marcus Gallegos

Tabla de Contenido

Introducción
Comprender la negatividad

El impacto de la negatividad en los pensamientos es profundo. Tiene el potencial de nublar el juicio, distorsionar la percepción y crear una lente pesimista a través de la cual nos vemos a nosotros mismos, a los demás y al mundo. Los pensamientos negativos pueden manifestarse como autocrítica, autosabotaje o un sentido general de desesperanza. Existe una relación intrincada entre los pensamientos negativos y las emociones, que pueden tener un poder inmenso en la formación de nuestras experiencias.

La negatividad es una fuerza omnipresente que puede influir profundamente en los pensamientos, las emociones y el bienestar general de las personas.

Para comprender realmente la negatividad, primero debemos reconocer su presencia en nuestras vidas. Puede originarse en numerosas fuentes, tanto internas como externas. Las fuentes internas pueden incluir la duda, el diálogo interno negativo, las creencias limitantes o experiencias pasadas que han dejado una marca en nuestra psique. Las fuentes externas abarcan factores como las relaciones tóxicas, los entornos estresantes, las presiones sociales o la exposición a los medios de comunicación y noticias negativas. Al identificar estas fuentes, los lectores obtienen una visión de los desencadenantes que contribuyen a la negatividad.

Emocionalmente, la negatividad puede provocar una variedad de sentimientos como tristeza, ira, miedo o ansiedad. Puede agotar nuestra energía, socavar nuestra confianza en nosotros mismos y obstaculizar nuestra capacidad para enfrentar eficazmente los desafíos de la vida. Al comprender el impacto emocional de la negatividad, los lectores pueden obtener conocimientos sobre la interconexión de los pensamientos, las emociones y el bienestar general.

Las consecuencias de la negatividad se extienden más allá del ámbito interno y permean diferentes aspectos de la vida. Las relaciones pueden verse afectadas, ya que la negatividad genera desconfianza, resentimiento y conflictos. Puede obstaculizar el crecimiento personal y profesional, limitando a las personas para aprovechar oportunidades o perseguir sus pasiones. La negatividad también puede afectar la salud física, contribuyendo a dolencias relacionadas con el estrés, debilitando el sistema inmunológico y disminuyendo el bienestar en general.

El contenido se centra en desarrollar resiliencia y fortaleza emocional para lidiar eficazmente con la negatividad. De esta manera, los lectores tienen el poder de tomar medidas proactivas en su camino hacia la positividad y el crecimiento personal. Armados con este conocimiento, pueden comenzar a desafiar los pensamientos negativos, cultivar la resiliencia y embarcarse en un camino de autotransformación.

Como usar este libro

Involucrarse en la práctica de leer reflexiones, citas y afirmaciones diarias tiene enormes beneficios para las personas que se esfuerzan por combatir la negatividad y fomentar una mentalidad positiva. Aquí hay algunas formas en que puedes beneficiarte al incorporar estas prácticas en tu vida diaria:

Un cambio de perspectiva

Las reflexiones, citas y afirmaciones diarias sirven como poderosos recordatorios de perspectivas y actitudes positivas. Pueden ayudarle a desviar la atención de pensamientos o situaciones negativos hacia puntos de vista más optimistas y fortalecedores. Si te expones con regularidad a mensajes edificantes y motivadores, podrás entrenar tu mente para que adopte una perspectiva positiva y replantee las situaciones difíciles desde un punto de vista más constructivo.

Mayor conciencia de sí mismo

Las reflexiones diarias ofrecen una oportunidad para la autorreflexión y la introspección. Dedicar unos momentos al día a leer y contemplar pasajes significativos permite profundizar en el conocimiento de uno mismo, de las emociones y de los patrones de pensamiento. Este mayor conocimiento de uno mismo nos permite reconocer las pautas y los desencadenantes negativos, lo que facilita contrarrestar la negatividad y elegir respuestas más positivas.

Resiliencia emocional

Leer citas y afirmaciones inspiradoras puede ayudarle a desarrollar su resistencia emocional. Al exponerse a mensajes positivos, puede reforzar su bienestar emocional y desarrollar una reserva de fuerza interior. Los recordatorios diarios de afirmaciones pueden aumentar la confianza en uno mismo, fomentar la autoestima y proporcionar una sensación de motivación para superar retos y contratiempos.

Mindfulness y Presencia

Incorporar reflexiones diarias a una práctica de mindfulness nos anima a estar presentes y a comprometernos plenamente con el momento presente y a encontrar el centro interior. Al leer con atención pasajes que invitan a la reflexión, podemos cultivar un sentido más profundo de la presencia, anclándonos en el aquí y el ahora. Cultivar la positividad ayuda a reducir la rumiación sobre pensamientos negativos del pasado o preocupaciones sobre el futuro, promoviendo una mentalidad más positiva y centrada.

Maneras prácticas de incorporar estas reflexiones diarias, citas inspiradoras y afirmaciones de empoderamiento en su vida.

Como Ritual Matutino: Comience el día leyendo una reflexión que establezca un tono positivo para el día siguiente. Elija un pasaje que resuene con usted y refleje la mentalidad que desea cultivar.

Para llevar un diario: escriba las reflexiones o afirmaciones diarias en un diario, junto con sus pensamientos y reacciones a ellas. Este proceso permite una introspección más profunda y sirve como registro de crecimiento personal.

En sus recordatorios visuales: cree recordatorios visuales escribiendo citas o afirmaciones poderosas en notas adhesivas y colocándolas en áreas visibles como su espacio de trabajo, el espejo del baño o el refrigerador. Estos recordatorios servirán como indicaciones para contrarrestar los pensamientos negativos a lo largo del día.

Integración con meditación o ejercicios de respiración: incorpore reflexiones o afirmaciones diarias en la meditación o ejercicios de respiración. Mientras inhalas y exhalas, concéntrate en el mensaje o afirmación, permitiendo que impregne tu mente y cuerpo, trayendo calma y positividad.

Como práctica de gratitud: combine las reflexiones diarias con una práctica de gratitud. Después de leer una reflexión, tómese un momento para expresar gratitud por los aspectos positivos de su vida relacionados con el pasaje. Esta práctica refuerza la positividad y el aprecio.

Compartir con otros: comparta citas inspiradoras o reflexiones con amigos, familiares o colegas. Participe en discusiones o cree un grupo compartido donde todos puedan contribuir con sus reflexiones diarias. Esto fomenta un sentido de conexión y apoyo para combatir juntos la negatividad.

Recuerde, la consistencia es clave al incorporar estas prácticas en la vida diaria. Comprometerse con una rutina regular de lectura y reflexión fortalecerá gradualmente su capacidad para combatir la negatividad, cultivar una mentalidad positiva y experimentar un crecimiento personal.

Abrazando el amor, venciendo el miedo

"Ser profundamente amado por alguien te da fuerza, mientras que amar profundamente a alguien te da valor".
Lao Tzu

Esta cita nos recuerda que el amor es el antídoto contra el miedo, una fuerza espiritual que nos permite vivir con valentía y sin temor. Vivir sin miedo encierra una profunda sabiduría.

Cuando nos liberamos del miedo y abrazamos el amor, nos embarcamos en un viaje transformador de autodescubrimiento y crecimiento espiritual. Nos sintonizamos con la belleza del momento presente y apreciamos los milagros que nos rodean cada día. Nos damos cuenta de que el miedo no es más que una ilusión, un truco de la mente que oscurece nuestra conexión innata con lo divino.

Vivir sin miedo significa confiar en la benevolencia del universo, saber que estamos guiados y protegidos en todo momento. Significa rendirse al flujo de la vida, comprender que todo sucede por una razón, aunque no podamos comprenderlo en el momento presente. Significa entrar en nuestra autenticidad, expresar plenamente nuestros dones y talentos únicos y hacer brillar nuestra luz en el mundo.

Abrazar el amor y vencer el miedo nos permite liberarnos de las limitaciones que nos frenan. Ya no permitimos que el miedo dicte nuestras decisiones ni nos robe la alegría que nos ofrece la vida. En lugar de eso, afrontamos los retos con resistencia y determinación, sabiendo que el amor nos guiará.

El amor nos da la fuerza para afrontar la adversidad. Se convierte en un manantial de coraje que nos permite asumir riesgos, perseguir nuestros sueños y navegar por lo desconocido con confianza. Al amar profundamente, nos abrimos a la vulnerabilidad y experimentamos el poder transformador de la conexión y la compasión auténticas.

Al recorrer este camino de amor e intrepidez, cultivamos una profunda sensación de paz interior y plenitud. Descubrimos que el amor no es sólo una fuerza externa, sino también un manantial que reside en nuestro interior. Se convierte en nuestro compañero constante, proporcionándonos consuelo en los momentos difíciles y amplificando nuestra alegría en los momentos de celebración.

En ausencia de miedo, nuestros corazones se expanden y nuestras relaciones florecen. Nos acercamos a los demás con empatía, comprensión y amabilidad. Reconocemos que todos estamos interconectados y que los actos de amor tienen un efecto dominó, creando un mundo más armonioso y compasivo.

Emprendamos juntos este viaje transformador, de la mano, abrazando el amor y venciendo el miedo. Al hacerlo, desbloquearemos nuestro verdadero potencial, viviremos con autenticidad y nos convertiremos en faros de amor y coraje en un mundo que a menudo parece oscuro. Hagamos brillar nuestra luz, inspirando a otros a embarcarse en sus propios viajes de valentía y amor.

Te invito a afirmar esta verdad dentro de tu corazón:

"Libero el miedo y abrazo el amor. Confío en la guía divina que me conduce hacia mi bien más elevado. Soy valiente, resistente y estoy conectado a la sabiduría infinita del universo".

Con esta afirmación, navega por los retos de la vida con gracia y valentía, sabiendo que eres un poderoso cocreador de tu realidad. Recuerda que vivir sin miedo no es sólo tu derecho de nacimiento, es tu destino espiritual. Acéptalo de todo corazón y observa cómo tu vida se desarrolla de formas que nunca habrías imaginado.

Cree en tus sueños, porque son el faro de esperanza que te impulsa hacia Adelante

"*Rodéate de quienes creen en tus sueños, alientan tus ideas, apoyan tus ambiciones y sacan lo mejor de ti. Ignora la negatividad; no tiene poder sobre ti*". – *Anónimo*

La vida es un viaje increíble lleno de altibajos, retos y triunfos, y encuentros con todo tipo de personas. Mientras navegas por este camino hacia tus sueños, es crucial que recuerdes que no todo el mundo con el que te encuentres tendrá tus mejores intereses en mente. Algunas personas pueden estar plagadas de negatividad, consumidas por la duda y decididas a hundirte. Pero no temas, porque tienes la fuerza y la resistencia necesarias para superar su influencia tóxica.

En palabras de Ralph Waldo Emerson, "No sigas el camino. Ve, en cambio, donde no hay camino y deja un rastro". Adopta estas palabras como tu luz de guía, recordándote a ti mismo que tu viaje único merece ser moldeado por tus sueños, tus pasiones y tu inquebrantable creencia en ti mismo.

Recuerda que las voces negativas que encuentres por el camino no son más que distracciones que intentan desviarte del camino y acabar con tu confianza. Pero esta es la verdad: sus palabras sólo tienen poder si tú se lo permites. Así que deja que su negatividad caiga en saco roto, y que sus dudas sean como el agua de un pato.

Rodéate del tipo de personas que te animan, que irradian positividad y que te inspiran a ser la mejor versión de ti mismo. Busca a quienes crean de verdad en tu potencial, celebren tus victorias y te animen a seguir adelante incluso ante la adversidad. Éstas son las personas que alimentarán tu fuego interior y te ayudarán a acallar los ecos de la negatividad.

Como dijo una vez la gran Maya Angelou: "Puede que encuentres muchas derrotas, pero no debes dejarte vencer". De hecho, puede que sea necesario encontrarte con las derrotas para que sepas quién eres, de qué puedes levantarte, cómo puedes salir aún de ello". Acepta cada revés como una oportunidad de crecimiento, aprendizaje y autodescubrimiento. Utiliza las voces negativas como peldaños hacia la construcción de una versión más fuerte y resistente de ti mismo.

Cree en tus sueños, porque son el faro de esperanza que te impulsa hacia delante. Ten fe en tus capacidades y en los dones únicos que posees, porque son el combustible que enciende tus pasiones. Recuerda que tu viaje es un reflejo de tu individualidad, y sólo si ignoras a las personas negativas que intentan sofocar tu espíritu podrás elevarte de verdad.

Así que, barbilla arriba, hombros atrás y cabeza bien alta. Abraza el poder del pensamiento positivo, rodéate de una tribu que te apoye y deja que las voces negativas se desvanezcan en el ruido de fondo. Tienes la fuerza, el coraje y la determinación para alcanzar la grandeza. Tus sueños te esperan y el mundo está listo para que brilles.

Hay oportunidades esperando ser descubiertas

"*Cuando una puerta de la felicidad se cierra, otra se abre; pero a menudo miramos tanto tiempo la puerta cerrada que no vemos la que se ha abierto para nosotros". Helen Keller*

Si te sientes deprimido, permíteme recordarte algo realmente alentador. Incluso en medio de la oscuridad, hay oportunidades esperando a ser descubiertas.

Sí, la vida puede lanzarte bolas curvas, y es natural sentirse desanimado. Pero recuerda que en cada desafío hay una semilla de oportunidad. Tómate un momento para reflexionar sobre tus puntos fuertes, experiencias y pasiones. Ahí reside tu ventaja competitiva.

Adopte una mentalidad de resistencia y perseverancia. Considera los reveses como peldaños hacia algo más grande. Como dijo Thomas Edison: "No he fracasado. Sólo he encontrado 10.000 formas que no funcionan". Cada "fracaso" te acerca más al éxito.

Esté dispuesto a pensar de forma diferente y a explorar caminos poco convencionales. A veces, las mejores oportunidades están ocultas a plena vista, pasadas por alto por quienes no están dispuestos a ver más allá de lo ordinario.

Así que levanta el ánimo, abraza las posibilidades y empieza a buscar oportunidades donde otros no pueden. Confía en tus capacidades y deja que tu determinación te guíe hacia un futuro mejor. Recuerda, incluso en los momentos más oscuros, la luz de la oportunidad está esperando a ser descubierta. Sigue adelante, ¡eres capaz de hacer cosas increíbles!

Afirmación para hoy:

Elijo seguir adelante, sin dejarme intimidar por los contratiempos y los retos. Me aferro a la creencia de que el universo me reserva abundantes oportunidades. Estoy dispuesto a aprovecharlas, a aprender de ellas y a crecer con ellas. Soy capaz de hacer cosas increíbles y estoy dispuesto a aprovechar al máximo cada oportunidad que se me presente.

Aprenda de sus fracasos, adáptese y siga avanzando.

"*N*o *se trata de si te derriban, sino de si te levantas". Vince Lombardi* Hoy quiero hablarles de la superación de obstáculos. La vida es un viaje lleno de retos, contratiempos y obstáculos que a veces pueden hacer que nos sintamos derrotados y desanimados. Pero recuerda que no son los obstáculos en sí los que nos definen, sino cómo decidimos afrontarlos.

Ante todo, adopta una mentalidad positiva. Crea en sus capacidades y sepa que es capaz de superar cualquier cosa que se interponga en su camino. Recuerda que cada obstáculo es una oportunidad de crecimiento y autodescubrimiento. Concéntrate en tus objetivos y visualízate triunfando sobre esos retos.

A continuación, crea un sólido sistema de apoyo. Rodéate de personas que crean en ti, te animen y te inspiren para seguir adelante. Busca la orientación de mentores que se hayan enfrentado a obstáculos similares y hayan salido fortalecidos. Recuerda que no tienes que enfrentarte a estos retos solo; juntos podemos conseguir mucho más.

Además, persevera con determinación y resistencia. Habrá momentos en los que tropieces y caigas, pero lo que de verdad importa es cómo te levantas. Aprende de tus fracasos, adapta tus estrategias y sigue adelante. Recuerda que los contratiempos no son permanentes; no son más que peldaños en tu camino hacia el éxito.

Así que levántate, acepta los obstáculos como oportunidades, rodéate de apoyo y persevera con una determinación inquebrantable. Cree en tu capacidad para superarlo todo, porque eres más fuerte de lo que crees. Juntos conquistaremos nuestros retos y alcanzaremos la grandeza.

Afirmación para hoy:

Me niego a verme confinado por el pensamiento convencional o limitado por los límites de lo que se considera ordinario. Estoy abierto a explorar nuevas perspectivas, aventurarme en territorios inexplorados y abrazar caminos poco convencionales. Es en estos reinos inexplorados donde se esconden las oportunidades, esperando a ser descubiertas.

Abrazar tu ser auténtico

"Conócete a ti mismo, porque al comprender tu propio valor y abrazar tu esencia única, desbloqueas el potencial ilimitado que reside en tu interior".

- Socrates

En un mundo que a menudo intenta definir nuestra valía basándose en medidas externas, es crucial recordar que tu autoestima es inherente y no tiene precio. Eres único, con una combinación de talentos, experiencias y perspectivas que nadie más posee. Tienes el poder de crear, inspirar e influir en los demás de forma significativa.

Acepta tus puntos fuertes, reconoce tus logros y compadécete de tus defectos. Cada error o contratiempo es una oportunidad para crecer y aprender. Recuerda que la autoestima no consiste en la perfección, sino en abrazar tu auténtico yo y valorar el camino del autodescubrimiento.

Mereces amor, respeto y felicidad, simplemente porque existes. No dejes que las opiniones o juicios de los demás disminuyan tu autoestima. Tu valía no depende de la validación externa ni de la comparación con los demás. Tienes la capacidad de definir tu propio valor y de perseguir tus sueños con pasión y determinación.

Cree en ti mismo, confía en tus capacidades y siéntete orgulloso de quién eres. Eres capaz de alcanzar la grandeza y de tener un impacto positivo en el mundo. Así que mantente firme, confía en ti mismo y no olvides nunca que mereces todo el amor, la alegría y el éxito que la vida puede ofrecerte. Acepta tu autoestima y deja que te guíe hacia una vida plena y llena de sentido.

Eres extraordinaria y tu valor es inconmensurable.

No importa por lo que hayas pasado o lo lejos que hayas caído, tienes el poder de levantarte de nuevo.

Es hora de recuperar tu autoestima y redescubrir la increíble persona que eres. Recuerda que los errores y los contratiempos no te definen; son peldaños en el camino hacia el crecimiento y la resiliencia. Acepta las lecciones aprendidas y deja que alimenten tu determinación de convertirte en una mejor versión de ti mismo.

Posees talentos, puntos fuertes y pasiones únicos que el mundo necesita desesperadamente. Tienes la capacidad de tocar vidas, inspirar cambios y marcar la diferencia. Nunca subestimes el impacto que puedes tener en los demás y en el mundo que te rodea.

Empieza por practicar la autocompasión. Trátate con amabilidad, perdona tus errores del pasado y deja de juzgarte a ti mismo. Te mereces amor y aceptación, sobre todo por tu parte. Rodéate de personas que te animen y te apoyen, y deja que su positividad refuerce tu confianza en ti mismo.

Acepta tus puntos fuertes y desafía tus limitaciones. Fíjate metas que te entusiasmen y trabaja para conseguirlas con una determinación inquebrantable. Celebra cada paso adelante, por pequeño que sea, porque cada uno de ellos es un testimonio de tu resistencia y tu fuerza interior.

No te define tu pasado, sino la persona en la que decides convertirte hoy. Acepta tu viaje de autodescubrimiento y deja que sea un recordatorio constante de tu valía. Cree en ti mismo, porque eres capaz de alcanzar la grandeza.

Eres único, valioso y merecedor de todo el amor, el éxito y la felicidad que la vida puede ofrecerte. Así que mantente firme, con la cabeza bien alta y recupera tu autoestima. El mundo está esperando que brilles.

Afirmación para hoy:

" Soy digno de amor, de respeto y de todas las cosas buenas que me ofrece la vida. Mi valía no se mide por las opiniones de los demás ni por los logros que consiga. Es el resplandor de mi espíritu, la profundidad de mi

compasión y la luz que brilla desde mi interior lo que realmente define mi valor en este mundo."

Siente en el poder transformador de la meditación spiritual

"La meditación aporta sabiduría, la falta de meditación deja ignorancia. Conoce bien lo que te lleva hacia adelante y lo que te retiene y elige el camino que conduce a la sabiduría."
Buddha

La meditación espiritual es una práctica sagrada que nos permite conectar con nuestro yo más profundo, trascender el ruido del mundo y acceder al manantial infinito de sabiduría y paz que llevamos dentro. Es un viaje de autodescubrimiento, un camino hacia la claridad interior y un profundo crecimiento espiritual.

A través de la meditación, creamos un santuario dentro de nuestros corazones, un espacio donde podemos retirarnos de las exigencias de la vida cotidiana y nutrir nuestras almas. Es una práctica que nos invita a estar plenamente presentes, a observar nuestros pensamientos sin juzgarlos y a cultivar un profundo sentido de la conciencia.

En la quietud de la meditación, accedemos al reino de nuestra conciencia superior, donde conectamos con la esencia divina que reside en nuestro interior y en todas las cosas. Es en este espacio sagrado donde podemos recibir percepciones, orientación y revelaciones profundas. La meditación se convierte en un portal para experimentar la interconexión de todos los seres y la inmensidad del universo.

La meditación espiritual no se limita a una tradición o técnica específica. Es un viaje profundamente personal que puede adaptarse a tu camino único. Ya sea concentrarse en la respiración, cantar mantras, visualizar la luz o simplemente sentarse en contemplación silenciosa, la esencia reside en cultivar una conexión centrada en el corazón y sintonizar con la sabiduría que fluye desde el interior.

Recuerda que la meditación espiritual no consiste en alcanzar la perfección o escapar de los retos de la vida, sino en encontrar la serenidad interior y abrazar el momento presente con gracia y aceptación. Abraza esta práctica sagrada y permite que ilumine tu camino en el viaje espiritual de la vida.

Te invito a afirmar con intención

"Acepto la meditación espiritual como una práctica sagrada. Creo momentos de quietud para conectar con mi ser interior y con lo divino. En el silencio, encuentro claridad, sabiduría y una paz profunda. La meditación es un viaje sagrado que nutre mi alma y me alinea con las grandes verdades de la existencia."

Con esta afirmación, que te embarques en una práctica de meditación espiritual profunda y transformadora. Que se convierta en un santuario habitual para tu alma, una fuente de guía, sanación y conexión profunda. Abraza la belleza de este viaje interior y observa cómo se desarrolla con sabiduría, amor y gracia divina.

Embárquese en un viaje hacia la profunda belleza de vivir una vida llena de gratitud.

"La gratitud da sentido a nuestro pasado, aporta paz para el presente y crea una visión para el mañana".
Melody Beattie

Vivir con gratitud es una práctica transformadora que nos permite cambiar nuestra perspectiva y abrazar las bendiciones que nos rodean. Se trata de cultivar un profundo aprecio por los grandes y pequeños momentos, las alegrías y los retos, y las personas que influyen en nuestras vidas.

Cuando vivimos con gratitud, abrimos nuestros corazones a la abundancia que existe dentro de nosotros y a nuestro alrededor. Es un poderoso antídoto contra la negatividad, el resentimiento y la insatisfacción. La gratitud desplaza nuestra atención de lo que nos falta a lo que está presente, fomentando un sentimiento de satisfacción y plenitud.

La gratitud nos enseña a saborear el momento presente, a encontrar la alegría en los placeres más sencillos y a reconocer la interconexión de todas las cosas. Nos invita a reflexionar sobre las lecciones aprendidas en experiencias pasadas y a encontrar la sabiduría en cada giro de nuestro camino. Con la gratitud como guía, cultivamos un sentimiento de paz, aceptación y resistencia.

Así pues, afirmemos juntos:

"Estoy agradecido por la abundancia de mi vida. Aprecio las bendiciones, grandes y pequeñas. Acojo cada momento con gratitud y

encuentro alegría en el presente. La gratitud ilumina mi camino, trayéndome paz, amor y una visión de posibilidades ilimitadas".

Con esta afirmación, que la gratitud impregne todos los aspectos de tu vida. Que sea una práctica diaria que llene tu corazón de calidez y tu espíritu de serenidad. Adopta la gratitud como una lente a través de la cual ves el mundo, y observa cómo transforma tus relaciones, tus experiencias y tu bienestar general.

Recuerda que la gratitud es una fuerza poderosa que puede moldear tu realidad. Acéptala de todo corazón y deja que te guíe hacia una vida de abundantes bendiciones y felicidad inconmensurable.

Ingenio: la determinación inquebrantable de encontrar soluciones, incluso ante los contratiempos.

"La adversidad revela la verdadera medida del ingenio que llevamos dentro, ya que transformamos las limitaciones en oportunidades ilimitadas y forjamos un camino hacia el triunfo"

- Ancient Proverb

Esta cita resume la esencia del ingenio: la determinación inquebrantable de encontrar soluciones, incluso ante los contratiempos. Exploremos la increíble fuerza que encierra tu ingenio.

El ingenio es una mentalidad poderosa que nos permite afrontar los retos de la vida con creatividad y resistencia. Es la capacidad de adaptarnos, improvisar y aprovechar al máximo los recursos de que disponemos. Cuando aprovechamos nuestro ingenio innato, explotamos una fuente inagotable de potencial. Cuando sientas que nada parece funcionar y que lo has intentado todo, recuerda la actitud de Thomas Edison cuando dijo "No he fracasado. Sólo he encontrado 10.000 formas que no funcionan".

EN TIEMPOS DE ESCASEZ o limitación, el ingenio se convierte en una luz que nos guía. Nos permite ver oportunidades donde otros ven obstáculos, descubrir posibilidades ocultas y encontrar soluciones innovadoras a los problemas. Nos anima a pensar con originalidad, a potenciar nuestros puntos fuertes y a aprovechar el poder de la colaboración.

El ingenio no se refiere sólo a los recursos materiales, sino también a nuestras capacidades mentales, emocionales y espirituales. Se trata de aprovechar nuestras fuerzas interiores, cultivar una mentalidad positiva y buscar apoyo cuando sea necesario. Se trata de reconocer que tenemos dentro de nosotros las herramientas para superar cualquier reto y crear una vida de abundancia y plenitud.

Te invito a afirmar con convicción

"Tengo recursos y soy capaz. Acepto los retos como oportunidades de crecimiento. Confío en mi capacidad para encontrar soluciones creativas y aprovechar mis puntos fuertes. Soy resiliente, adaptable y estoy capacitado para crear la vida que deseo".

Con esta afirmación, podrás liberar todo el potencial de tu ingenio. Acéptalo como principio rector de tu viaje y sé testigo de las increíbles transformaciones que se producen. Recuerda que el ingenio no es sólo una habilidad, es una mentalidad y un superpoder que reside dentro de ti. Acéptalo, nútrelo y observa cómo te lleva a posibilidades ilimitadas.

La esencia profunda del amor

Adentrémonos en la profunda esencia del amor, pues es una fuerza que trasciende todas las fronteras y nos conecta de las formas más profundas y significativas. Como tan bellamente proclamó Rumi

"Tu tarea no es buscar el amor, sino simplemente buscar y encontrar todas las barreras dentro de ti que has construido contra él".

El amor no es una mera búsqueda externa; comienza en nuestro interior. Para experimentar la plenitud del amor, primero debemos eliminar las barreras que hemos erigido en nuestro interior: barreras de miedo, juicio y heridas del pasado. Debemos cultivar el amor propio, aceptando nuestros defectos y celebrando nuestra belleza única. Al hacerlo, creamos un terreno fértil para que el amor florezca e irradie hacia el exterior.

El amor es un poder transformador, capaz de curar y unir. Abre nuestros corazones a la compasión, la empatía y la comprensión. Nos enseña a ver la chispa divina dentro de cada ser, a abrazar la diversidad que enriquece nuestro tapiz humano. El amor nos invita a extender la bondad, el perdón y la aceptación, no sólo a los demás, sino también a nosotros mismos.

En un mundo a menudo impulsado por la división y la discordia, convirtámonos en embajadores del amor. Ofrezcamos un oído atento, un toque amable y una sonrisa cálida a quienes lo necesiten. Elijamos el amor como nuestro principio rector en cada interacción, infundiéndolo en nuestras palabras y acciones. Y en momentos de duda u oscuridad, recordemos que el amor es la luz suprema que disipa todas las sombras.

Así pues, afirmemos juntos: *"Soy un recipiente de amor. Libero todas las barreras dentro de mí y permito que el amor fluya libremente. Elijo ver y honrar la belleza en los demás y en mí mismo. El amor es la fuerza que me guía y estoy agradecido por su poder infinito".*

Con esta afirmación, que el amor guíe cada uno de tus pasos, ilumine tu camino y llene tu vida de alegría y plenitud. Recuerda que el amor no es algo que haya que buscar en el exterior: es una llama sagrada que reside dentro de ti, esperando a ser encendida y compartida con el mundo. Acéptalo plenamente y observa cómo el amor transforma tu vida y la de los que te rodean.

El poder de vivir sin miedo

"Ganas fuerza, valor y confianza con cada experiencia en la que realmente te paras a mirar al miedo a la cara. Eres capaz de decirte a ti mismo: 'He vivido este horror. Puedo con lo siguiente que venga'".
Eleanor Roosevelt

Así que hoy quiero recordarte el increíble poder que reside en cada uno de nosotros: el poder de vivir sin miedo. El miedo, aunque natural, nos frena y nos impide alcanzar nuestro verdadero potencial. Pero, ¿y si te dijera que vivir sin miedo no sólo es posible, sino que puede llevarte a una vida llena de posibilidades infinitas y alegría sin límites?

Imagina una vida en la que te atreves a soñar sin limitaciones, en la que aceptas cada reto como una oportunidad para crecer y en la que te niegas a dejar que el miedo dicte tus decisiones. Es una vida en la que sales de tu zona de confort, dispuesto a enfrentarte a lo desconocido, sabiendo que el verdadero crecimiento está al otro lado del miedo.

Vivir sin miedo no significa que no encuentres obstáculos o te enfrentes a la adversidad. Significa que los afrontarás de frente, con un valor y una resistencia inquebrantables. Significa confiar en ti mismo y en tus capacidades, incluso cuando la duda intente colarse. Significa creer que eres capaz de superar cualquier cosa que se te presente.

Así pues, aceptemos los retos que nos presenta la vida, sabiendo que cada uno de ellos es una oportunidad para hacernos más fuertes y convertirnos en la mejor versión de nosotros mismos.

Hoy os animo a soltar los grilletes del miedo que os han mantenido cautivos durante demasiado tiempo. Abraza lo desconocido, persigue tus sueños con determinación inquebrantable y recuerda que vivir sin miedo no es sólo una elección, es tu derecho de nacimiento.

El arte de forjar relaciones significativas

"*He aprendido que la gente olvidará lo que dijiste, la gente olvidará lo que hiciste, pero la gente nunca olvidará cómo les hiciste sentir*".
Maya Angelou

Construir relaciones significativas no consiste sólo en establecer conexiones superficiales; se trata de alimentar vínculos que lleguen a lo más profundo de nuestras almas. Se trata de crear espacios de confianza, comprensión y cuidado genuino que permitan a ambas partes crecer, florecer y sentirse vistas.

Las relaciones significativas comienzan con autenticidad. Cuando nos mostramos tal y como somos, aceptando nuestras fortalezas, vulnerabilidades e imperfecciones, creamos una base de conexión genuina. Es en este espacio de vulnerabilidad donde puede florecer la confianza, fomentando una sensación de seguridad y apertura.

Para construir relaciones significativas, debemos practicar la escucha activa y la empatía. Es la capacidad de escuchar y comprender de verdad la perspectiva de otra persona, validar sus sentimientos y ofrecer apoyo sin juzgarla. Al dejar espacio para las alegrías y las penas de los demás, forjamos vínculos profundos que resisten el paso del tiempo.

Las relaciones significativas requieren esfuerzo e inversión. Debemos estar dispuestos a aparecer, a invertir tiempo y energía y a dar prioridad a las personas que nos importan. Las relaciones evolucionan y se profundizan con el tiempo gracias a las experiencias compartidas, las conversaciones significativas y el apoyo mutuo.

Tu afirmación para hoy

"Me comprometo a construir relaciones significativas. Me presento con autenticidad, empatía y atención genuina. Escucho profundamente, doy validez a las experiencias de los demás y fomento la confianza. Mis relaciones son una fuente de amor, crecimiento y conexión profunda".

Con esta afirmación, que cultives y aprecies las relaciones significativas en tu vida. Cuida los vínculos que más te importan y deja que florezcan en hermosos tapices de amor, apoyo y comprensión. Recuerda que la riqueza de la vida reside en los vínculos que forjamos. Acepta el don de construir relaciones significativas y sé testigo de la belleza y la plenitud que aportan a tu camino.

La fuerza liberadora de la autenticidad.

"Sé tú mismo; los demás ya están ocupados".
Oscar Wilde

Ser auténtico significa abrazar y expresar nuestro verdadero yo, sin pretensiones ni necesidad de validación externa. Se trata de honrar nuestros valores, deseos y voz única, y negarnos a cumplir las expectativas sociales o la presión de encajar en moldes que no se ajustan a lo que realmente somos.

Cuando vivimos con autenticidad, brillamos con una luz radiante que inspira a los demás a hacer lo mismo. Creamos un espacio para las conexiones genuinas, donde la confianza y la comprensión pueden florecer. Al abrazar nuestra autenticidad, invitamos a los demás a hacer lo mismo, fomentando un entorno de aceptación y celebración de la individualidad.

La autenticidad nos permite vivir una vida en consonancia con nuestras verdades más profundas. Nos permite perseguir nuestras pasiones, tomar decisiones que resuenen con nuestro corazón y vivir con un sentido de propósito y plenitud. Cuando abrazamos nuestro yo auténtico, aprovechamos nuestra fuerza interior, nuestra resistencia y nuestro potencial ilimitado.

Ser auténtico también significa reconocer nuestras vulnerabilidades y aceptar nuestras imperfecciones. A través de nuestra autenticidad conectamos con los demás a un nivel profundo y significativo. Al compartir nuestras luchas, miedos y triunfos, inspiramos a otros a hacer lo mismo, creando un efecto dominó de valentía, empatía y compasión.

Así que afirma con convicción

"Acepto mi autenticidad y vivo una vida fiel a mí mismo. Honro mis valores, mis deseos y mi voz única. Celebro mis fortalezas y vulnerabilidades, sabiendo que me hacen maravillosamente humano. Inspiro a los demás siendo auténticamente yo".

Abraza tu verdadero yo y deja que tu luz brille en el mundo. Recuerda que hay un inmenso poder y belleza en abrazar tu autenticidad. Al hacerlo, no sólo enriqueces tu propia vida, sino que también creas un efecto dominó que anima a los demás a hacer lo mismo.

El estimulante poder de aspirar a lo más alto

"*Todos nuestros sueños pueden hacerse realidad si tenemos el coraje de perseguirlos*".
walt disney

Soñar enciende la chispa de la posibilidad dentro de nosotros, abriendo puertas a aventuras y logros extraordinarios. Es en el reino de los sueños que nuestra imaginación toma vuelo, donde nos atrevemos a imaginar una vida que trasciende las limitaciones y abarca un potencial infinito.

Cuando apuntamos alto, nos fijamos en objetivos que amplían nuestras capacidades, encienden nuestra pasión y nos inspiran a alcanzar las estrellas. Apuntando alto aprovechamos nuestra capacidad innata de crecimiento, innovación y resiliencia.

Soñar y apuntar alto requiere coraje y confianza en uno mismo. Se trata de abrazar la audacia de desafiar la sabiduría convencional y la determinación de superar los obstáculos que se interponen en nuestro camino. Cuando soñamos en grande, liberamos el poder dentro de nosotros para superar las expectativas y forjar nuestro camino único en el mundo.

Mientras perseguimos nuestros sueños y apuntamos alto, es esencial recordar que el fracaso es simplemente un peldaño en el camino hacia el éxito. Acepte las lecciones, los reveses y los desafíos como oportunidades de crecimiento y aprendizaje. Deja que la perseverancia sea tu fiel compañera y deja que la pasión impulse tu viaje.

Los invito a afirmar con inquebrantable convicción:

"Me atrevo a soñar y a apuntar alto. Creo en el poder de mis sueños y el potencial que hay dentro de mí. Acepto los desafíos como peldaños en mi camino hacia el éxito. Con coraje, determinación y pasión, haré realidad mis sueños."

Con esta afirmación, que desate toda la fuerza de tus sueños y aspiraciones. Abrace las posibilidades ilimitadas que se encuentran ante usted y deje que sus ambiciones se disparen. Recuerde que el mundo necesita su visión, talentos y contribuciones únicas. Sueña con valentía, apunta alto y observa cómo se desarrolla tu viaje con notable satisfacción y alegría.

Descubra el arte de aprender a adaptarse

"No es la más fuerte de las especies la que sobrevive, ni la más inteligente, es la que más se adapta al cambio".
Charles Darwin

PROFUNDICEMOS EN EL arte de aprender a adaptarnos, una habilidad que nos permite navegar por los paisajes siempre cambiantes de la vida con gracia y resiliencia.

La adaptación es un aspecto fundamental del crecimiento y la evolución. La vida es un flujo constante que nos presenta desafíos inesperados y circunstancias cambiantes. Aprender a adaptarse no se trata simplemente de sobrevivir frente al cambio, sino de prosperar en medio de él.

Para aprender a adaptarnos, debemos cultivar una mentalidad de flexibilidad y apertura. Se trata de abrazar lo desconocido, renunciar a nuestro apego a los planes rígidos y abrazar las posibilidades que se encuentran en circunstancias imprevistas. Es a través de la adaptación que descubrimos nuevas oportunidades, descubrimos fortalezas ocultas y expandimos nuestros horizontes.

La adaptación también requiere resiliencia: la capacidad de recuperarse de los reveses y perseverar frente a la adversidad. Se trata de aprender de los fracasos, aceptarlos como peldaños en nuestro camino y permitirles impulsar nuestro crecimiento. La capacidad de adaptarnos y recuperarnos de los desafíos nos permite emerger más fuertes, más sabios y preparados para lo que se avecina.

Aprender a adaptarse es un proceso continuo de autorreflexión y autodescubrimiento. Requiere que estemos en sintonía con nuestras propias fortalezas, limitaciones y valores. Requiere autocompasión, mientras navegamos por las incertidumbres y tomamos decisiones que se alinean con nuestro yo en evolución.

Afirmar con inquebrantable convicción:

"Abrazo el arte de la adaptación. Doy la bienvenida al cambio como una oportunidad de crecimiento y expansión. Cultivo la resiliencia frente a los desafíos, sabiendo que me fortalecen. Con flexibilidad, resiliencia y autoconciencia, navego por los cambios constantes de la vida. paisajes con gracia y propósito".

Con esta afirmación, puede que te embarques en un viaje transformador de aprender a adaptarte. Acepta la belleza inherente del cambio y confía en tu capacidad para superar cualquier circunstancia. Esa adaptación no se trata solo de supervivencia, se trata de abrazar la plenitud de la vida y permitir que te convierta en la mejor versión de ti mismo.

En un mundo en constante evolución, que tu capacidad de adaptación se convierta en una fuente de empoderamiento y crecimiento. Abraza el arte de la adaptación y deja que te guíe por un camino de resiliencia, realización y posibilidades ilimitadas.

Alinearnos con nuestro verdadero ser

"No eres una gota en el océano. Eres todo el océano en una gota".
Rumi

Sumerjámonos en el profundo viaje de alinearnos con nuestro verdadero yo, porque es en esta alineación que descubrimos la esencia de nuestra existencia espiritual.

Alinearse con nuestro verdadero yo significa reconectarnos con el núcleo más profundo de nuestro ser, la parte de nosotros que es eterna, ilimitada e interconectada con toda la creación. Es despojarse de las capas de condicionamiento y expectativas sociales para descubrir la auténtica esencia que reside en su interior.

En el ajetreo de la vida, es fácil perder el contacto con nuestro verdadero yo. Nos enredamos en roles, obligaciones y deseos externos, y nos alejamos lentamente de la profunda sabiduría que reside en nuestros corazones. Sin embargo, cuando buscamos conscientemente la alineación, nos embarcamos en un viaje sagrado de autodescubrimiento, autoaceptación y autorrealización.

Alinearse con nuestro verdadero yo se trata de sintonizar con nuestra voz interior, nuestra intuición y los susurros de nuestra alma. Es una práctica de escucha profunda, introspección y contemplación. Nos llama a abrazar el silencio y la quietud, permitiendo que el ruido del mundo se desvanezca para que podamos escuchar la suave guía de nuestra sabiduría interior.

Cuando nos alineamos con nuestro verdadero ser, vivimos en armonía con nuestros valores, pasiones y propósitos. Tomamos decisiones que son auténticas y están alineadas con el anhelo de nuestra alma. Nos embarcamos en un camino que nos brinda alegría, satisfacción y un sentido de interconexión con toda la creación.

Alinearse con nuestro verdadero yo requiere coraje y autocompasión. Significa abrazar nuestras sombras, nuestras vulnerabilidades y nuestras imperfecciones. Es a través de esta aceptación e integración que experimentamos un profundo crecimiento, sanación y plenitud.

Afirmar con intención:

"Me comprometo a alinearme con mi verdadero yo. Acepto la sabiduría dentro de mi corazón y la guía de mi intuición. Acepto y amo todas las partes de mí mismo. En alineación, descubro mi propósito, vivo auténticamente y acepto la interconexión de todos los seres".

Con esta afirmación, puede que te embarques en un viaje transformador de alinearte con tu verdadero yo. Abraza la belleza del autodescubrimiento, la autoaceptación y la autorrealización. Recuerda siempre que tu verdadero yo es una expresión radiante de la creación divina. Alinéate con él, abrázalo y observa cómo tu vida se desarrolla con profundo significado, alegría y plenitud espiritual.

Cultivar una mentalidad positiva ante los retos de la vida.

"Tú mismo, tanto como cualquiera en el universo entero, mereces tu amor y afecto."
Buddha

La negatividad tiene una forma de filtrarse en nuestras vidas, nublando nuestros pensamientos y emociones. Sin embargo, tenemos el poder de manejar la negatividad y crear un espacio para que prospere la positividad. Comienza con la autoconciencia, la compasión y las elecciones conscientes.

Manejar la negatividad requiere un cambio de perspectiva. Se trata de reconocer que la negatividad es a menudo producto de nuestros propios pensamientos e interpretaciones. Al cultivar la autoconciencia, podemos observar nuestros patrones negativos y optar por reemplazarlos con pensamientos positivos e inspiradores.

Practicar la autocompasión es crucial para manejar la negatividad. Debemos recordar que somos humanos, y es natural experimentar emociones negativas a veces. En lugar de regañarnos por sentirnos negativos, ofrecémonos amor y comprensión. Al tratarnos con amabilidad, creamos una base para fomentar una mentalidad positiva.

Rodearse de influencias positivas es fundamental. Elija relaciones edificantes y de apoyo, participe en actividades que le brinden alegría e inspiración, y consuma medios que nutran su espíritu. Al curar conscientemente las entradas positivas, creamos un entorno que nos eleva y nos energiza.

Otra herramienta poderosa para manejar la negatividad es la gratitud. Centrarse en las bendiciones y expresar gratitud por ellas desvía nuestra atención de la negatividad. Adopte una práctica de gratitud, ya sea a través de un diario, meditación o afirmaciones verbales, para cultivar una mentalidad de abundancia y aprecio.

Además, practicar mindfulness nos permite despegarnos de pensamientos y emociones negativas. Al observarlos sin juzgar, ganamos claridad y creamos espacio para que surjan perspectivas positivas. La atención plena nos ayuda a permanecer presentes, cultivando una sensación de paz y aceptación frente a la negatividad.

Afirmar con intención:

"Soy el maestro de mi mentalidad. Elijo manejar la negatividad con autoconciencia, compasión y elecciones conscientes. Me rodeo de influencias positivas y practico la gratitud. A través de la atención plena, adopto una mentalidad positiva y creo una vida llena de alegría. y abundancia".

Con esta afirmación, que pueda afrontar los desafíos de la vida con resiliencia y gracia. Abraza el poder dentro de ti para manejar la negatividad y cultivar una mentalidad positiva. Tienes la capacidad de moldear tus pensamientos y percepciones. Elija la positividad y observe cómo transforma sus experiencias, relaciones y bienestar general.

Los pilares de nuestra vida.

❚❚ *Una vez que tomas una decisión, el universo conspira para que suceda"*
Ralph Waldo Emerson

Las decisiones son los componentes básicos de nuestras vidas, herramientas poderosas que dan forma a nuestro presente y futuro. Contienen en su interior el potencial para el crecimiento, la transformación y la realización de nuestros sueños. El proceso de tomar decisiones es a la vez inspirador y transformador si se aborda con atención e intención.

Al tomar decisiones, es importante buscar la alineación con nuestro verdadero yo. Escuche los susurros de su corazón y su intuición, porque llevan una profunda sabiduría. Considere sus valores, pasiones y visión a largo plazo, asegurándose de que sus decisiones sean congruentes con sus auténticos deseos.

Abraza el poder del discernimiento cuando te enfrentes a elecciones. Evaluar los resultados potenciales, sopesar los riesgos y beneficios, y considerar las implicaciones a largo plazo. Confía en ti mismo, ya que posees dentro de ti la capacidad de tomar decisiones que sirvan a tu mayor bien.

Sin embargo, también es importante recordar que las decisiones no tienen por qué ser perfectas. Acepta la realidad de que aprendemos y crecemos a través de las decisiones que tomamos. Adopte la sabiduría del ensayo y error, sabiendo que los errores son oportunidades de crecimiento y valiosas lecciones disfrazadas.

Tomar decisiones a veces puede provocar miedo e incertidumbre. Es natural sentirse vacilante ante lo desconocido. En esos momentos, reúna su coraje y confíe en su capacidad para navegar a través de la incertidumbre. Adopte la creencia de que cada decisión es una oportunidad de crecimiento y un paso adelante en su camino único.

Los invito a afirmar con inquebrantable convicción:

"Soy el autor de la historia de mi vida. Tomo decisiones con claridad, alineación y confianza en mi sabiduría interior. Cada elección que hago contribuye a mi crecimiento y me acerca a mis sueños. Acepto el poder de la toma de decisiones como un catalizador para la transformación".

Con esta afirmación, puede abordar la toma de decisiones con confianza, atención plena y confianza en sí mismo. Abraza el poder dentro de ti para dar forma a tu destino y crear una vida de plenitud y propósito. Cada decisión tiene el potencial de desbloquear nuevas oportunidades y guiarlo hacia un futuro que se alinee con los deseos más profundos de su corazón.

El poder de la intención: encontrar tu por qué

❝ *Nuestra intención crea nuestra realidad."*
Wayne Dyer

Intención: una fuerza guía que da forma a nuestros pensamientos, acciones y, en última instancia, a nuestra realidad.

La intención es el foco consciente de nuestros pensamientos, deseos y aspiraciones. Es el combustible que nos impulsa hacia adelante, enciende nuestros sueños y nos alinea con nuestro propósito más profundo. Al establecer intenciones claras y sinceras, nos convertimos en cocreadores activos de nuestras vidas.

La intención da sentido y dirección a nuestras acciones. Cuando establecemos nuestras intenciones, infundimos nuestros pensamientos y elecciones con un propósito. Es la base sobre la que construimos nuestros sueños y la brújula que nos guía en nuestro viaje.

Para aprovechar el poder de la intención, es esencial alinearlo con nuestro yo auténtico. Conéctate con los deseos de tu corazón, escucha tu intuición y confía en la sabiduría que reside dentro de ti. Al alinear sus intenciones con sus valores y pasiones, prepara el escenario para una profunda transformación y realización.

La intención no se trata solo de ilusiones; requiere creencia y compromiso inquebrantables. Abraza el poder de las afirmaciones positivas y la visualización para reforzar tus intenciones. Cultiva una mentalidad de posibilidad y abundancia, sabiendo que tus intenciones tienen el poder de manifestarse de manera milagrosa.

Además, la intención se fortalece al tomar una acción inspirada. No es suficiente simplemente establecer intenciones; debemos participar activamente en acciones alineadas que nos acerquen a los resultados deseados. A través de un esfuerzo concentrado y constante, demostramos nuestro compromiso con nuestras intenciones e invitamos al universo a conspirar a nuestro favor.

Afirmar con inquebrantable convicción:

"Establezco intenciones claras y sinceras para mi vida. Alineo mis pensamientos, acciones y creencias con mis deseos más profundos. Confío en el poder de la intención para manifestar mis sueños. A través de acciones inspiradas y creencias inquebrantables, creo la realidad que visualizo."

Con esta afirmación, que abraces el poder transformador de la intención. Alinee sus pensamientos, creencias y acciones con sus deseos más profundos y observe cómo el universo conspira para hacer realidad sus intenciones. Tienes dentro de ti el poder de dar forma a tu realidad. Establece tus intenciones con claridad, cree en su manifestación y da un paso adelante con coraje y determinación.

La belleza del momento presente

"*Algunos cambios parecen negativos en la superficie, pero pronto te darás cuenta de que se está creando un espacio en tu vida para que surja algo nuevo.*"
Eckhart Tolle

Dejar ir: una práctica transformadora que libera nuestro espíritu y nos permite abrazar la belleza del momento presente.

Dejar ir es un acto de entrega, una liberación del apego a los resultados, creencias y emociones que ya no sirven a nuestro mayor bien. Es a través de este acto de entrega que creamos un espacio para el crecimiento, la sanación y la transformación profunda en nuestras vidas.

Para dejar ir, primero debemos cultivar la conciencia y la aceptación. Toma conciencia de los pensamientos, emociones y patrones que te abruman y acéptalos con compasión. Es a través de esta conciencia compasiva que podemos comenzar el proceso de liberación.

Dejar ir requiere que confiemos en el flujo natural de la vida, renunciando a la necesidad de controlar cada resultado. Abraza la creencia de que el universo tiene un plan superior y ten fe en que, al dejarlo ir, te estás alineando con ese plan divino.

AFIRMACIÓN PARA HOY:
"Libero todo lo que ya no sirve para mi mayor bien. Me rindo con confianza y abrazo el flujo de la vida. Dejo ir y creo espacio para que nuevas bendiciones entren en mi vida".

Al dejar ir, nos liberamos de las cargas del pasado, las preocupaciones del futuro y los apegos que nos retienen. Nos abrimos a las infinitas posibilidades del momento presente, donde reside la alegría, la paz y la serenidad.

Como líder espiritual, Thich Nhat Hanh dijo hermosamente: "Dejar ir nos da libertad, y la libertad es la única condición para la felicidad". En el acto de dejar ir, descubrimos la verdadera esencia de la libertad, una libertad que nos permite bailar con la vida, libres del peso de las expectativas y los arrepentimientos.

Te animo a abrazar el poder transformador de dejar ir. Libera lo que ya no te sirve, entrégate con confianza y ábrete al fluir de la vida. En la libertad de dejar ir, encontrarás la alegría, la paz y la plenitud que tu alma anhela.

Como conclusión, recuerde las palabras del líder espiritual Rumi, quien una vez dijo: "La herida es el lugar donde la Luz entra en ti". Al dejar ir, creamos espacio para que la luz de la gracia divina entre en nuestras vidas y nos guíe en nuestro viaje espiritual. Abraza esta práctica sagrada y observa cómo te lleva a una vida llena de belleza, autenticidad y profunda liberación spiritual.

Dar: una práctica que ilumina nuestras almas y crea un efecto dominó de amor y compasión

❚❚ *No es cuanto damos sino cuanto amor ponemos en dar."*
Mother Teresa

Dar es un acto sagrado que trasciende las posesiones materiales. Es el acto de compartir nuestro tiempo, energía, recursos y amor con los demás, con un deseo genuino de elevar y marcar una diferencia positiva en sus vidas. Al dar, aprovechamos la fuente ilimitada de compasión dentro de nosotros y nos conectamos con la interconexión de todos los seres.

Cuando damos desinteresadamente, abrimos nuestros corazones y abrazamos la alegría del servicio. Reconocemos que la verdadera abundancia no radica en lo que poseemos, sino en lo que tenemos para ofrecer. Dar nos permite cultivar la empatía, la bondad y la gratitud, cualidades que nutren nuestro espíritu y contribuyen al bienestar del mundo.

Afirmación para hoy:

"Soy un canal de amor y abundancia. Doy desinteresadamente y de todo corazón, sabiendo que, al dar, recibo. Mis actos de bondad crean una onda positiva que esparce amor y compasión por todo el mundo".

Dar no se limita a las posesiones materiales; abarca nuestra presencia, apoyo y escucha compasiva. Al ofrecer nuestro ser auténtico a los demás, brindamos un sentido de pertenencia, comodidad y comprensión. Nuestra presencia se convierte en un regalo, y nuestro amor se convierte en un bálsamo que cura y eleva.

Como líder espiritual, Mahatma Gandhi dijo hermosamente: "La mejor manera de encontrarte a ti mismo es perderte al servicio de los demás". Al dar, trascendemos nuestro sentido limitado de nosotros mismos y aprovechamos la inmensidad de nuestra interconexión. A través de actos de servicio y generosidad, descubrimos nuestro verdadero propósito y experimentamos la profunda alegría de marcar una diferencia en la vida de los demás.

Abre tu corazón y extiende una mano amiga a los necesitados. Comparte tu amor, tu presencia y tus recursos generosamente. Al dar, descubrirás una riqueza de espíritu que supera todas las posesiones materiales.

Abrace el flujo de dar y observe cómo lo bendice con un profundo sentido de propósito, alegría y satisfacción. Al dar desinteresadamente, contribuyes a la elevación colectiva y creas un mundo lleno de amor y compasión. Deje que sus actos de dar sean un testimonio de la belleza y el poder transformador de un corazón generoso y amoroso.

Crear buen karma

❚❚ Cada pensamiento que produces, cualquier cosa que dices, cualquier acción que haces, lleva tu firma."
Thich Nhat Hanh,

Cuando creamos buen karma, sembramos semillas de bondad, empatía y generosidad. Es la elección intencional de ir más allá de nuestro propio interés y extender una mano amiga a los necesitados. Al mostrar compasión y apoyar a los demás, creamos un efecto dominó que toca la vida de innumerables personas.

Se trata de entender que la energía que ponemos en el mundo nos regresa en especie, moldeando nuestras experiencias y la calidad de nuestras vidas.

Crear buen karma requiere que practiquemos la atención plena y cultivemos la conciencia de nuestros pensamientos, palabras y acciones. Se trata de actuar con integridad, hablar con amabilidad y aceptar la empatía en nuestras interacciones con los demás. Cada pequeño acto de bondad, cuando se hace con un corazón puro, tiene el potencial de crear cambios profundos en la vida de quienes nos rodean.

Además, crear buen karma no se limita a nuestras relaciones con los demás; se extiende a cómo nos tratamos a nosotros mismos y al mundo que nos rodea. Al cuidar nuestro bienestar físico, mental y espiritual, generamos energía positiva que se irradia hacia el exterior. Respetar y nutrir el medio ambiente y todos los seres vivos también es parte de esta práctica, ya que reconocemos la interconexión de todas las cosas.

Como líder espiritual, el Dalai Lama dijo hermosamente: "Nuestro propósito principal en esta vida es ayudar a los demás. Y si no puedes ayudarlos, al menos no los lastimes". Crear buen karma implica abstenerse de acciones que causen daño o sufrimiento a los demás. Es a través de elecciones conscientes y una conducta ética que cultivamos un círculo virtuoso de energía positiva.

Deja que la bondad, la compasión y la benevolencia guíen tus pensamientos, palabras y acciones. Al animar a los demás y nutrir el mundo que te rodea, cultivarás una vida llena de alegría, abundancia y armonía.

Aprovecha la oportunidad de dejar una huella positiva en el mundo a través de la creación de un buen karma. Que tus acciones sean un testimonio del potencial infinito de un corazón amoroso y compasivo.

Afirmación:

"Soy un creador de buen karma. Irradio amor, bondad y compasión al mundo. Mis acciones elevan y benefician a los demás, creando una onda positiva que regresa a mí con múltiples bendiciones."

No te olvides de celebrar la vida.

"*Este es un día maravilloso. Nunca he visto este antes.*"

Maya Angelou

Celebrando la vida: una práctica que abarca la belleza, la abundancia y el valor de cada momento.

Celebrar la vida se trata de infundir nuestros días con gratitud, alegría y reverencia. Es el profundo reconocimiento de que la vida misma es un regalo, un regalo que nos invita a apreciar, abrazar y aprovechar al máximo cada experiencia, cada relación y cada oportunidad que se nos presenta.

En el tapiz de la vida, hay innumerables motivos para celebrar. Celebre el sol naciente, la suave brisa y la belleza de la naturaleza que nos rodea. Celebre los momentos de risa y conexión compartidos con sus seres queridos. Celebre los hitos, los logros y el crecimiento personal que dan forma a nuestros viajes. Celebre los placeres simples que aportan brillo a nuestros días.

Celebrar la vida es cultivar una mentalidad de gratitud. Es la práctica de apreciar conscientemente las bendiciones, grandes y pequeñas, que adornan nuestras vidas. Al centrarnos en la gratitud, cambiamos nuestra perspectiva, despertando a la abundancia que nos rodea y encontrando satisfacción en el momento presente.

Celebrar la vida también implica vivir con intención y propósito. Se trata de alinear nuestras acciones con nuestros valores, pasiones y sueños. Al perseguir nuestros deseos auténticos y abrazar nuestros dones únicos, traemos un sentido de realización y propósito a nuestras vidas, creando un motivo de celebración.

Mientras celebramos la vida, recordemos las palabras del líder espiritual Thích Nhất Hạnh, quien dijo: "La vida es un milagro, y ser conscientes de esto ya puede hacernos muy felices". Abraza el milagro de la vida: la respiración que llena tus pulmones, el latido de tu corazón y la maravillosa danza de la existencia. Celebre cada día como una oportunidad para crecer, amar y tener un impacto positivo.

Abraza la gratitud, vive con intención y encuentra razones para celebrar en cada rincón de tu vida. Deja que la risa, la alegría y el amor llenen tus días y observa cómo el mundo que te rodea se convierte en un tapiz vibrante de celebración. La vida está destinada a ser celebrada. Acepta el regalo, aprovecha el momento y celebra la magnificencia de estar vivo.

Afirmación para hoy:"Celebro el regalo de la vida. Acepto cada momento con gratitud y alegría. Encuentro razones para celebrar en la más pequeña de las experiencias. La vida es un hermoso viaje, y lo honro y celebro en cada paso del camino."

Alineándonos con nuestro verdadero ser

El propósito de la vida no es solo ser feliz. Es ser útil, ser honorable, ser compasivo, hacer alguna diferencia que hayas vivido y vivido bien."
Eleanor Roosevelt

Lidiar con la decepción: una práctica que nos empodera para navegar los altibajos de la vida con gracia y resiliencia.

La decepción es una parte inevitable de nuestra experiencia humana. Surge cuando nuestras expectativas y deseos chocan con la realidad de una situación. Sin embargo, es la forma en que respondemos a la decepción lo que da forma a nuestro crecimiento y bienestar.

Cuando nos enfrentamos a la decepción, es importante reconocer y honrar nuestras emociones. Permítete sentir la decepción, pues es una respuesta natural y válida. Date permiso para llorar, procesar y reflexionar sobre lo que no salió según lo planeado.

Lidiar con la decepción requiere cultivar la resiliencia y la autocompasión. Sea amable consigo mismo, entendiendo que la decepción no es un reflejo de su valor o habilidades. Practique el cuidado personal, participe en actividades que eleven su espíritu y rodéese de seres queridos que lo apoyen y le brinden consuelo y aliento.

Además, la decepción puede ser una oportunidad de crecimiento y aprendizaje. Reflexionar sobre la experiencia y extraer las lecciones que ofrece. Permita que la decepción lo guíe hacia nuevos conocimientos, perspectivas y posibilidades. Abraza la resiliencia dentro de ti y usa la decepción como un catalizador para el crecimiento personal y espiritual.

Mientras navegamos por la decepción, recordemos las palabras del líder espiritual Lao Tzu, quien dijo: "Los nuevos comienzos a menudo se disfrazan de finales dolorosos". La decepción puede ser una puerta de entrada a nuevas oportunidades, caminos y direcciones. Confía en la sabiduría del universo y ten fe en que te esperan cosas más grandes.

Te invito a abrazar el arte de lidiar con la decepción. Permítete sentir, reflexionar y crecer a partir de la experiencia. Adopte la resiliencia, la autocompasión y la confianza en el proceso de la vida. La decepción no es el final de la historia. Es simplemente un capítulo en su viaje, un capítulo que contribuye a su crecimiento, fortaleza y riqueza de sus experiencias vividas.

Afirmación para hoy:

"Acepto la decepción como un maestro. Me permito sentir las emociones y aprender de la experiencia. Elijo responder con resiliencia y gracia. La decepción no me define, pero sí cómo me levanto".

Constancia Y Perseverancia.

"*Da el primer paso con fe. No tienes que ver toda la escalera, solo da el primer paso.*"
Martin Luther King Jr

Confía en tu sabiduría interior y da ese primer paso, sabiendo que, con cada pequeño paso subsiguiente, la escalera se revelará.

Dar pequeños pasos es un testimonio del poder de la constancia y la perseverancia. Se trata de dividir nuestras aspiraciones en acciones manejables y abrazar el proceso de progreso gradual. Al centrarnos en pasos pequeños y alcanzables, evitamos abrumarnos y fomentamos una sensación de logro en el camino.

Cuando damos pequeños pasos, creamos una base para un cambio duradero. Cada pequeña acción se convierte en un bloque de construcción que da forma a nuestros hábitos, habilidades y carácter. A través de la acumulación de pequeños pasos, nos acercamos a nuestras metas, desbloqueando nuevas posibilidades y realizando todo nuestro potencial.

Dar pequeños pasos nos permite superar el miedo y la incertidumbre. Nos permite navegar por lo desconocido, un paso a la vez, generando confianza y resiliencia en el camino. Al enfocarnos en el momento presente y las pequeñas acciones que podemos tomar, desviamos nuestra atención de los obstáculos percibidos y hacia el potencial infinito dentro de nosotros.

Además, dar pequeños pasos fomenta el autodescubrimiento y el crecimiento personal. Brinda la oportunidad de aprender, adaptar y refinar nuestro enfoque. A través de cada pequeño paso, obtenemos información valiosa, desarrollamos nuevas habilidades y ampliamos nuestras capacidades. El viaje en sí se convierte en un proceso transformador de autodesarrollo y autorrealización.

Emprendamos un viaje hacia el poder transformador de dar pequeños pasos, una práctica que nos impulsa hacia adelante, genera impulso y abre el camino hacia nuestros sueños. Como dijo sabiamente Lao Tzu, "Un viaje de mil millas comienza con un solo paso".

Divide tus aspiraciones en acciones manejables y comprométete con un progreso constante. Confíe en el proceso, tenga fe en sus habilidades y sepa que cada pequeño paso que da lo acerca a la vida que imagina. La grandeza no se logra en un salto gigante, sino a través de la acumulación de pequeños pasos tomados con determinación y creencia inquebrantables.

Afirmación para hoy:

"Abrazo el poder de los pequeños pasos. Confío en el proceso de progreso gradual. Cada pequeña acción que realizo me acerca a mis sueños. Soy paciente, resistente y estoy comprometida con mi viaje."

El hábito de crear una mentalidad positiva.

❚❚ *Cambia tus pensamientos y cambiarás tu mundo."*
Dr. Norman Vincent Peale

Desarrollar una mentalidad positiva: una práctica que transforma nuestras percepciones, da forma a nuestras experiencias y desbloquea el potencial ilimitado dentro de nosotros.

La construcción de una mentalidad positiva comienza con la conciencia y el cultivo consciente de nuestros pensamientos. Se trata de reconocer el poder de nuestro diálogo interno y elegir cambiar nuestro enfoque hacia pensamientos que nos empoderen, eleven e inspiren. Al fomentar una mentalidad positiva, creamos un terreno fértil para el crecimiento, la resiliencia y la alegría.

Para construir una mentalidad positiva, es importante practicar la autoconciencia y la autocompasión. Observe sus patrones de pensamiento y redirija suavemente los pensamientos negativos o limitantes hacia los que son afirmativos y de apoyo. Adopte la autocompasión tratándose con amabilidad, entendiendo que los contratiempos y los desafíos son parte de la experiencia humana.

CONSTRUIR UNA MENTALIDAD positiva implica abrazar la gratitud. Cambia tu enfoque hacia las bendiciones y la abundancia en tu vida. Tómese un tiempo cada día para expresar gratitud por las alegrías simples, las relaciones de apoyo y las experiencias que le brindan satisfacción. Al cultivar la gratitud, invitas a más positividad y abundancia a tu vida.

Además, rodéate de positividad e inspiración. Elige pasar tiempo con personas que te animen y te apoyen. Participa en actividades que te traigan alegría y nutran tu alma. Consume medios e información que te animen e inspiren. Al curar conscientemente las influencias positivas, crea un entorno que respalda su mentalidad positiva.

A medida que construimos una mentalidad positiva, recordemos las palabras del líder espiritual Buda, quien dijo: "Somos lo que pensamos. Todo lo que somos surge de nuestros pensamientos. Con nuestros pensamientos, hacemos el mundo". Abraza el poder de tus pensamientos, sabiendo que tu forma de pensar da forma a tu realidad. A través de una mentalidad positiva, creas un mundo de posibilidades, resiliencia y crecimiento.

Alimenta tus pensamientos con positividad, gratitud y autocompasión. Rodéate de influencias y afirmaciones edificantes. Confíe en la capacidad innata dentro de usted para dar forma a sus pensamientos y percepciones. Una mentalidad positiva no se trata de negar los desafíos, sino de empoderarte para navegarlos con resiliencia, optimismo y una creencia inquebrantable en tu propio potencial.

Afirmación para hoy:

"Cultivo una mentalidad positiva. Elijo pensamientos que me empoderan y me animan. Soy capaz, digno y merecedor de todo lo que es bueno. Con cada día, mi mentalidad positiva da forma a una vida de abundancia y satisfacción".

Fe: Una fuerza poderosa dentro de ti

*"La mente lo es todo. Lo que piensas, te conviertes." - **Buddha***
*"Porque todo lo puedo en Cristo que me fortalece." - **Philippians** 4:13*

La fe y las creencias son una fuerza poderosa dentro de ti. La fe es esa creencia inquebrantable en algo más grande, incluso cuando el camino parece incierto.

La fe nos permite superar obstáculos que parecen insuperables. Alimenta tu perseverancia cuando tienes ganas de rendirte. Te recuerda que los milagros pueden suceder y que hay un plan divino que guía tus pasos. Abraza la fe como tu aliada, porque te otorga el coraje para dar un paso hacia lo desconocido y descubrir tu verdadero potencial.

"Cual es el pensamiento de un hombre en su corazón, así es él".
- Proverbios 23:7

Recuerde las palabras de Hebreos 11:1: "Ahora bien, la fe es confianza en lo que esperamos y seguridad en lo que no vemos". Deje que este versículo resuene dentro de usted como un recordatorio de que la fe le da poder para creer en lo que no se ve y mantiene viva su esperanza.

Aférrate a tu fe con confianza inquebrantable. Acéptalo como tu luz guía, incluso en los momentos más oscuros. Es posible que su viaje no siempre sea fácil, pero con fe, puede superar cualquier desafío. Cree en ti mismo, en la bondad que te rodea y en el propósito superior que te espera. Confía en que tu fe te ayudará, porque es en la fe que nacen los milagros.

Confía en la sabiduría de tu corazón

¶¶ *Te conviertes en lo que crees."*

- Aristotle

En este vasto tapiz de la existencia, vengo a recordarles su valor innato y las infinitas posibilidades que se encuentran ante ustedes. Eres una creación preciosa, diseñada de manera única con dones y talentos que el mundo espera ansiosamente.

No dejes que la duda o el miedo apaguen el resplandor de tu espíritu. Abrace el viaje que se desarrolla ante usted, porque dentro de él se encuentra la oportunidad de descubrir su propósito y tener un impacto duradero. Confía en la sabiduría de tu corazón, porque conoce el camino que se alinea con tu ser más verdadero.

En momentos de incertidumbre, recuerda las palabras de Mahatma Gandhi "Tus creencias se convierten en tus pensamientos, tus pensamientos se convierten en tus palabras, tus palabras se convierten en tus acciones, tus acciones se convierten en tus hábitos, tus hábitos se convierten en tus valores y tus valores se convierten en tu destino". -

Y Jeremías 29:11: "Porque yo sé los planes que tengo para ti, planes para prosperarte y no hacerte daño, planes para darte esperanza y un futuro". Estás sostenido dentro del abrazo divino, guiado por una presencia amorosa que anhela tu felicidad y realización.

Acepta cada día como un nuevo capítulo, lleno de un potencial infinito. Deja ir las cargas del pasado y da un paso hacia la gracia del momento presente. Elige el coraje sobre la comodidad, la perseverancia sobre la desesperación y el amor sobre todo lo demás.

"Cree que puedes y estás a mitad de camino".

- Theodore Roosevelt

Recuerda, nunca estás solo en este viaje. Apóyate en el apoyo de quienes te aman, busca la guía de tu fuente espiritual y confía en el poder de la oración y la meditación para iluminar tu camino.

"Los únicos límites son los que nos imponemos nosotros mismos".

- Pitágoras

Que tu vida sea un testimonio de la gracia extraordinaria que habita en ti. Acepta tu propósito con los brazos abiertos y deja que tu luz brille intensamente, porque el mundo espera ansiosamente la belleza que solo tú puedes traer.

"En lo que pensamos, nos convertimos."

- Marco Aurelio

Abraza la fuerza y el coraje dentro de ti, y deja que te impulse hacia una vida llena de propósito, alegría y realización.

"TIENES PODER SOBRE tu mente, no sobre eventos externos. Date cuenta de esto y encontrarás la fuerza". - Marco Aurelio

Afirmación para hoy:

Acepto la mentalidad de posibilidad y la emoción de la exploración. Con cada puerta que se cierra, busco ansiosamente la que se abre, porque entiendo que es al abrazar nuevas oportunidades que puedo desbloquear todo mi potencial. Estoy listo para embarcarme en este viaje de descubrimiento, armado con resiliencia, determinación y una creencia inquebrantable en mis propias habilidades.

Como crear tu manifiesto personal

Un manifiesto personal es una forma poderosa de articular sus valores, creencias y aspiraciones. Sirve como un documento guía que ayuda a mantenerte enfocado, tomar decisiones alineadas con tus principios y vivir una vida con más propósito. Aquí hay algunos pasos para ayudarte a crear tu propio manifiesto personal:

Reflexione sobre tus valores: A partir de las citas, afirmaciones y conceptos del libro, considera qué principios e ideales son más importantes para ti. Reflexione sobre los valores fundamentales que definen quién eres. Piense en áreas como las relaciones, el crecimiento personal, la carrera, la salud y la comunidad. Identifica los valores que resuenan profundamente contigo.

Defina tus creencias: examine sus creencias sobre el mundo, sobre ti y los demás. Considere tu filosofía de vida, tus puntos de vista sobre el éxito, la felicidad y la realización. Identifica las creencias que guían tus acciones y decisiones.

Identifique tus aspiraciones: Piense en tus sueños, metas y aspiraciones. ¿En qué tipo de persona quieres convertirte? ¿Qué logros deseas en tu corazón? Reflexiona sobre las áreas de la vida en las que te quieres enfocar y el legado que quieres dejar atrás.

Elabora tu manifiesto: comienza a escribir tu manifiesto personal combinando tus valores, creencias y aspiraciones. Utiliza un lenguaje claro, conciso y afirmativo para expresar tus ideas. Hazlo personal y auténtico, reflejando tu voz y perspectiva únicas. Puedes estructurarlo como una serie de declaraciones, viñetas o un formato narrativo.

Se específico e inspirador: asegúrate de que tu manifiesto refleje acciones y comportamientos específicos que deseas incorporar. Debe motivarte e inspirarte a vivir alineado con tus principios. Utilice un lenguaje edificante y afirmaciones positivas que evoquen entusiasmo y compromiso.

Revisa y ajusta: una vez que hayas redactado tu manifiesto, revíselo varias veces para que represente con precisión tus valores y aspiraciones fundamentales. Considera buscar comentarios de amigos o familiares de confianza que te conozcan bien. Refina y revisa tu manifiesto hasta que sientas que captura la esencia de quién eres y quién quieres ser.

Muestra y vive tu manifiesto: una vez que estés satisfecho con tu manifiesto personal, muéstrelo en un lugar donde lo veas regularmente. Esto podría ser tu dormitorio, espacio de trabajo o incluso como protector de pantalla en tus dispositivos electrónicos. Úsalo como un recordatorio diario para guiar tus decisiones y acciones, y para mantenerte comprometido a vivir una vida alineada con tus valores.

Recuerda, tu manifiesto personal es un documento vivo que puede evolucionar a medida que creces y cambias. Revíselo periódicamente para asegurarte de que sigue siendo relevante para tu viaje y actualícelo según sea necesario. Adopta tu manifiesto personal como una herramienta poderosa para dar forma a tu vida y tomar decisiones que se alineen con tu verdadero ser.

Aquí un ejemplo de un Manifiesto Personal.

Sueños y aspiraciones:

Audazmente persigo mis sueños con determinación inquebrantable. Creo en el poder de mis aspiraciones y doy pasos valientes para convertirlas en realidad. Acepto lo desconocido y confío en que cada desafío es una oportunidad de crecimiento.

Mentalidad y crecimiento:

Cultivo una mentalidad resiliente y positiva diariamente. Entiendo que mis pensamientos dan forma a mi realidad, por lo que elijo creencias fortalecedoras que me impulsan hacia adelante. Celebro mis fortalezas y reconozco las áreas de mejora. Estoy abierto a la retroalimentación y constantemente busco expandir mis conocimientos y habilidades. Con una mentalidad de abundancia y posibilidad, atraigo oportunidades que se alinean con mi mayor potencial.

Salud y Vitalidad:

Priorizo mi bienestar físico y mental. Alimento mi cuerpo con alimentos saludables, hago ejercicio regularmente y honro la importancia del descanso y la relajación. Escucho las necesidades de mi cuerpo y cultivo un equilibrio armonioso entre el trabajo, el juego y el cuidado personal. Aprecio el regalo de la buena salud, sabiendo que me permite perseguir mis sueños y disfrutar la vida al máximo. Priorizo las actividades de cuidado personal que nutren mi mente, cuerpo y alma, fomentando un estado de vitalidad y energía vibrante.

Relaciones y conexión:

Cultivo constantemente relaciones significativas que me elevan e inspiran. Me rodeo de personas que apoyan mis sueños y fomentan mi crecimiento personal. Priorizo la comunicación abierta y honesta, fomentando conexiones profundas basadas en la confianza, el respeto y la autenticidad. Invierto tiempo y esfuerzo en nutrir mis relaciones, celebrando las cualidades y contribuciones únicas de quienes me rodean.

Gratitud y alegría:

Acepto la gratitud como una práctica diaria, apreciando la abundancia en mi vida. Encuentro alegría en los momentos más simples. Tomo tiempo para saborear el presente, sumergiéndome en la belleza de cada experiencia. Busco actividades que me traen alegría y hacen que mi corazón cante. Encuentro satisfacción en retribuir a los demás. Me acerco a cada día con un corazón agradecido, sabiendo que la verdadera felicidad radica en apreciar el camino.

Me comprometo a encarnar este manifiesto personal, viviendo cada día con intención y propósito. Soy el arquitecto de mi propio destino, me esfuerzo para crear una vida llena de sueños, alegría, bienestar y conexiones *significativas. Acepto la aventura de la vida, sabiendo que tengo el poder de dar forma a mi realidad y tener un impacto positivo en el mundo.*

64   **MARCUS GALLEGOS**